Printed in the USA
CPSIA information can be obtained
at www.ICGtesting.com
JSHW061024130324
59139JS00002B/3

9 781681 150628

SHALOM, READER

57 Hebrew Activities
to Show
What You Know

By Dina Maiben
with illustration by Andre Ceolin

BEHRMAN
HOUSE

Published by Behrman House, Inc.
Millburn, New Jersey 07041
www.behrmanhouse.com

ISBN 978-1-68115-062-8

Lyrics from "Mi Lomed Ivrit" and "Mi B'Seder Pesach," from *Z'man LaShir: Time to
Sing Hebrew*, reprinted by permission of © Fran Avni. www.franavni.com

The publisher gratefully acknowledges the following sources of images:

Front cover: Freepik: doodlebarn (Hanukkah doodles), user13412638 (party doodles),
gohsantosa2 (Passover doodles).

Back cover: Andre Ceolin

Interior: All illustrations by Andre Ceolin except as follows. Shutterstock: p2: Macrovector (teachers),
HappyPictures (king and queen); p6: Vectors Bang (house), Tanya Syrytsyna (bird), Glinskaja Olga (fish);
p9: Nadya_Art (cake), Artsholic (water), Tetiana Peliustka (lemonade), La Gorda (challah), syawalan (ice
cream), Azuzl (salad), Arsvik (pizza); p13: Nattika (notebook), Haali (pencil), IhorZigor (book), Gearstd
(chalkboard), Volosovich Igor (chair), muklis setiawapn (table); p15: Vitaliy Snitovets (tennis), yulia_lavrova
(guitar), OrangeVector (baseball), AlexRoz (golf), Anatolir (Torah), Marish (history); p18: nikiteev_konstantin
(calendar), Artishok (hands), Tartila (night, morning, eve), MSSA (lightbulb); p21: Valen Zi (shabbat); p23:
ZenStockers (candles), Anatolir (dreidel), Liron Peer (donut), mirkakovi (latke, menorah); p26: Dreamcreation
(trees); p28: koya979 (snow), Lorelyn Medina (thermometer), Lightkite (bread), Nuamfolio (rain), tuulijumala
(sun), Elegant Solution (temple), Anastasia Nio (wine); p32:stasik (grass/spade), Erik Svoboda (flowers),
Anna Frajtova (tree), AminaAster (vegetables), drvector (school); p36: HappyPictures (parsley), PEKHOVA
NADEZHDA (charoset, egg, matzah, maror, bone), ArtDesign Illustration (Haggadah, afikoman); p41: nuanz
(seasons), Koltukovs (Purim), Liron Peer (Rosh Hashana), iamLR (Shavuot), ArtDesign Illustration (Sukkot),
frenkel vic (Pesach), MSSA (Hanukkah); p48: Freepik (Blue school diploma with sketches)

Printed in the United States of America

1 3 5 7 9 8 6 4 2

Design by Alexandra Nicole Segal
Edited by Aviva Lucas Gutnick

שָׁלוֹם CHAPTER 1

WORDS TO KNOW

מִי? Who

אַתָּה You (m.)

אַתְּ You (f.)

אֲנִי I

שְׁמִי My name is

הוּא He

הִיא She

תַּלְמִיד

תַּלְמִידָה

מוֹרֶה

מוֹרָה

מֶלֶךְ

מַלְכָּה

CONVERSATION
שִׂיחָה

Introduce yourself in Hebrew to two other people. Then let them introduce themselves to you. Write your name in Hebrew or English in the space below.

שָׁלוֹם! שְׁמִי ______________________.

Tic-Tac-Toe

Play these games with a friend. One of you should be "X" and the other "O." Begin with the game on the right. Take turns reading a word. If you read the word correctly, lightly make your mark in that box.

תַּלְמִיד	אַתָּה	מוֹרָה
הִיא	תַּלְמִידָה	אֲנִי
מוֹרֶה	אַתְּ	הוּא

כָּל	שָׁלוֹם	יִשְׂרָאֵל
הוּא	בִּמְרוֹמָיו	עֹשֶׂה
יַעֲשֶׂה	וְעַל	עָלֵינוּ

Did You Know?

The Hebrew word שָׁלוֹם means "peace" or "wholeness." Now that's a great way to greet people or to say farewell! Read or sing these phrases with a friend. Then circle the words that mean "peace" or "wholeness." Draw a box around the word that means "he." Challenge: Find and underline the word that means "Israel."

עֹשֶׂה שָׁלוֹם בִּמְרוֹמָיו, הוּא יַעֲשֶׂה שָׁלוֹם עָלֵינוּ

וְעַל כָּל יִשְׂרָאֵל, וְאִמְרוּ אָמֵן.

מִי אֲנִי?

Read the sentences in each box. Start on the top right. Then use the information to complete the sentences below using words from the word box.

שָׁלוֹם! שְׁמִי דָּוִד.
אֲנִי מֶלֶךְ.

שָׁלוֹם! שְׁמִי אֶסְתֵּר.
אֲנִי מַלְכָּה.

שָׁלוֹם! שְׁמִי רָחֵל.
אֲנִי מוֹרָה.

שָׁלוֹם! שְׁמִי יַעֲקֹב.
אֲנִי מוֹרֶה.

שָׁלוֹם! שְׁמִי דָּנִי.
אֲנִי תַּלְמִיד.

שָׁלוֹם! שְׁמִי חַנָּה.
אֲנִי תַּלְמִידָה.

מִי אֶסְתֵּר? ____________ מַלְכָּה.

____________ תַּלְמִיד. חַנָּה ____________

יַעֲקֹב ____________. ____________ מוֹרָה.

WORD BOX

תַּלְמִידָה
רָחֵל
מוֹרֶה
הִיא
הוּא

CHAPTER 2

בַּבַּיִת

WORDS TO KNOW

 הַ-
The

 שֶׁל
Of, belonging to

 בַּ-
In the

 וְ-
And

 אַבָּא

 אִמָּא

 בַּיִת

 מִשְׁפָּחָה

 חָתוּל

 כֶּלֶב

 צִפּוֹר

 דָּג

Write your name in Hebrew or English on the blank line below. Then draw a picture to illustrate the Hebrew sentence. Tell a friend what you drew.

הַמִשְׁפָּחָה שֶׁל _____ ◆

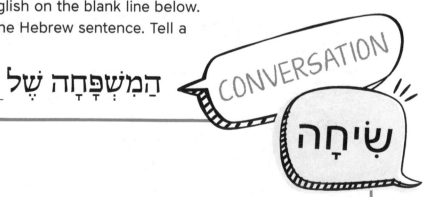

CONVERSATION

שִׂיחָה

Four in a Row

Play this game with a friend. One of you should be "X" and the other "O." Take turns reading a word. If you read the word correctly, lightly make your mark in that box. The first player to get four boxes in a row across, down, or diagonally wins.

מַלְאֲכֵי	לְשָׁלוֹם	הַשָּׁלוֹם	שָׁלוֹם
עֶלְיוֹן	עֲלֵיכֶם	עָלֵינוּ	הַשָּׁרֵת
מַלְכָּה	הַמְּלָכִים	מַלְכֵי	מִמֶּלֶךְ
הַקָּדוֹשׁ	בָּרְכוּנִי	בּוֹאֲכֶם	צֵאתְכֶם

Did You Know?

Many Jewish families begin Shabbat dinner at home with this song. Read or sing it with a partner. Circle every word that means "peace."

1. שָׁלוֹם עֲלֵיכֶם, מַלְאֲכֵי הַשָּׁרֵת, מַלְאֲכֵי עֶלְיוֹן,
מִמֶּלֶךְ מַלְכֵי הַמְּלָכִים, הַקָּדוֹשׁ בָּרוּךְ הוּא.
2. בּוֹאֲכֶם לְשָׁלוֹם, מַלְאֲכֵי הַשָּׁלוֹם, מַלְאֲכֵי עֶלְיוֹן,
מִמֶּלֶךְ מַלְכֵי הַמְּלָכִים, הַקָּדוֹשׁ בָּרוּךְ הוּא.
3. בָּרְכוּנִי לְשָׁלוֹם, מַלְאֲכֵי הַשָּׁלוֹם, מַלְאֲכֵי עֶלְיוֹן,
מִמֶּלֶךְ מַלְכֵי הַמְּלָכִים, הַקָּדוֹשׁ בָּרוּךְ הוּא.
4. צֵאתְכֶם לְשָׁלוֹם, מַלְאֲכֵי הַשָּׁלוֹם, מַלְאֲכֵי עֶלְיוֹן,
מִמֶּלֶךְ מַלְכֵי הַמְּלָכִים, הַקָּדוֹשׁ בָּרוּךְ הוּא.

Spot Check

Check all the sentences that answer the questions.

מִי זְאֵבִי?

○ זְאֵבִי כֶּלֶב.

○ זְאֵבִי הַכֶּלֶב שֶׁל דָּנִי וְחַנָּה.

○ הַצִּפּוֹר בַּבַּיִת.

מִי הַמַּלְכָּה?

○ חַנָּה תַּלְמִידָה.

○ הִיא אִמָּא.

○ אֶסְתֵּר הַמַּלְכָּה.

מִי שׁוֹקוֹ?

○ שׁוֹקוֹ חָתוּל.

○ שׁוֹקוֹ הֶחָתוּל שֶׁל דָּנִי וְחַנָּה.

○ הַצִּפּוֹר בַּבַּיִת.

מִי בַּבַּיִת?

○ זְאֵבִי כֶּלֶב.

○ זְאֵבִי הַכֶּלֶב וְשׁוֹקוֹ הֶחָתוּל בַּבַּיִת.

○ הַצִּפּוֹר וְהַדָּג בַּבַּיִת.

בַּסֻּכָּה CHAPTER 3

WORDS TO KNOW

מַה?	לֹא	בְּתֵאָבוֹן
What	No	Bon Appetite!

חַלָּה

גְלִידָה

עוּגָה

סָלָט

פִּיצָה

יוֹשֶׁבֶת (f.)
יוֹשֵׁב (m.)

שׁוֹתָה (f.)
שׁוֹתֶה (m.)

לִימוֹנָדָה

מַיִם

אוֹכֶלֶת (f.)
אוֹכֵל (m.)

CONVERSATION שִׂיחָה

Pretend that you are on a picnic. Tell a friend what you would eat and drink. Then ask about their food and drink choices. Use the following sentences and questions.

1. מָה אַתָּה אוֹכֵל בַּפִּיקְנִיק? מָה אַתְּ אוֹכֶלֶת בַּפִּיקְנִיק?

2. אֲנִי אוֹכֵל _______ בַּפִּיקְנִיק. אֲנִי אוֹכֶלֶת _______ בַּפִּיקְנִיק.

3. מָה אַתָּה שׁוֹתֶה בַּפִּיקְנִיק? מָה אַתְּ שׁוֹתָה בַּפִּיקְנִיק?

4. אֲנִי שׁוֹתֶה _______ בַּפִּיקְנִיק. אֲנִי שׁוֹתָה _______ בַּפִּיקְנִיק.

Connect the Dots

With a friend, take turns drawing lines to connect two dots and make one side of a square. To capture a square, the player who completes a box must read the word and say what it means. If that player cannot do that, the other player can steal it by reading and explaining the word. The player who captures the most boxes wins.

מִי	אַתָּה	אַתְּ	מַה
כֶּלֶב	הוּא	אֲנִי	הִיא
מוֹרֶה	לֹא	בַּיִת	מוֹרָה
מִשְׁפָּחָה	תַּלְמִידָה	חָתוּל	תַּלְמִיד

מִי בַּסֻּכָּה?

Fill in the blanks with יוֹשֵׁב or יוֹשֶׁבֶת to make each sentence correct. With a partner, practice asking and answering the question, מִי בַּסֻּכָּה?

אַבָּא __________ בַּסֻּכָּה.

אִמָּא __________ בַּסֻּכָּה.

חַנָּה __________ בַּסֻּכָּה.

דָּנִי __________ בַּסֻּכָּה.

Playful Plurals

Work with a partner. Study the Hebrew words and their pictures. Then talk about the questions below. Write in your answers when you and your partner agree.

2	1
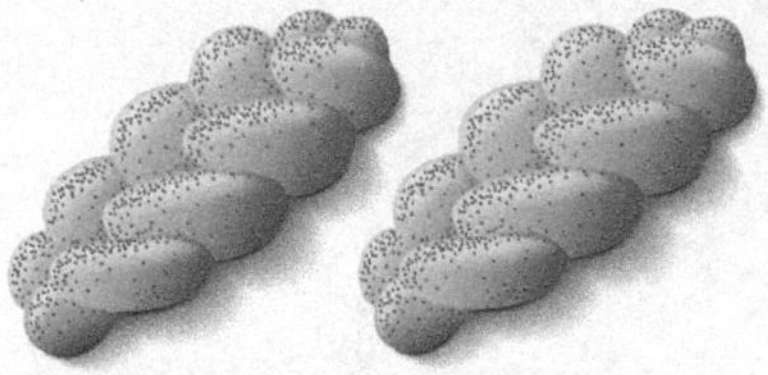 חַלוֹת	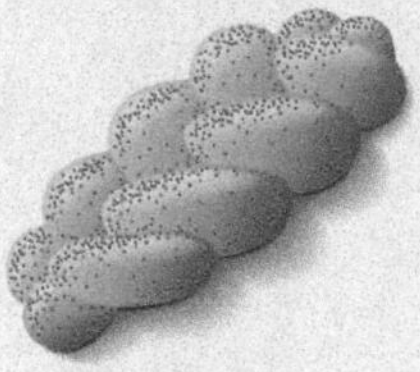 חַלָה
 סֻכּוֹת	 סֻכָּה
 מוֹרוֹת	 מוֹרָה
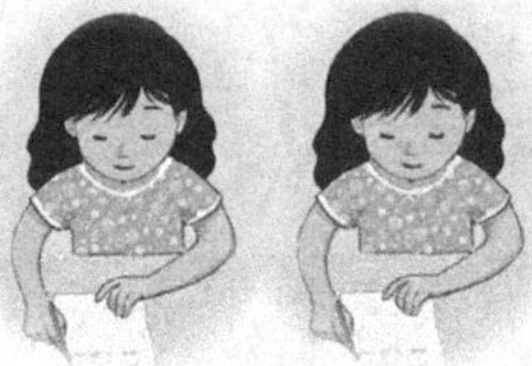 תַּלְמִידוֹת	 תַּלְמִידָה
 עוּגוֹת	 עוּגָה

1. What letters are at the end of each word in column 2? _____

2. What does this word ending show us? _____

3. What happens to the letter ה in חַלָה and סֻכָּה when the word ending is added? _____

בַּסֻּכָּה

Read the story. Act out the dialogue below with three classmates.

הַמִּשְׁפָּחָה בַּסֻּכָּה. אַבָּא וְאִמָּא בַּסֻּכָּה. חַנָּה וְדָנִי בַּסֻּכָּה.

אִמָּא: מִי שׁוֹתֶה לִימוֹנָדָה?
אַבָּא: אֲנִי שׁוֹתֶה לִימוֹנָדָה.
אִמָּא: וַאֲנִי שׁוֹתָה לִימוֹנָדָה.
דָּנִי: אֲנִי שׁוֹתֶה קוֹלָה.
אַבָּא: מָה אַתְּ שׁוֹתָה, חַנָּה?
חַנָּה: אֲנִי שׁוֹתָה מַיִם.
אִמָּא: מִי אוֹכֵל דָּג?

אַבָּא: אֲנִי אוֹכֵל דָּג וְחַלָּה.
אִמָּא: וַאֲנִי אוֹכֶלֶת דָּג וְסָלָט.
חַנָּה: אֲנִי אוֹכֶלֶת פִּיצָה וְסָלָט.
אִמָּא: דָּנִי, אַתָּה אוֹכֵל פִּיצָה?
דָּנִי: לֹא, אֲנִי אוֹכֵל עוּגָה
וּגְלִידָה וְשׁוֹקוֹלָד.
אַבָּא: אוֹי! בְּתֵאָבוֹן, דָּנִי!

Practice reading the blessing for sitting in a sukkah below.

בָּרוּךְ אַתָּה, יְיָ אֱלֹהֵינוּ, מֶלֶךְ הָעוֹלָם, אֲשֶׁר קִדְּשָׁנוּ
בְּמִצְוֹתָיו וְצִוָּנוּ לֵישֵׁב בַּסֻּכָּה.

עִבְרִית בַּכִּיתָה

WORDS TO KNOW

לוֹמֶדֶת (f.) לוֹמֵד (m.)	אֵיפֹה?	כִּיתָה	עַל	עִבְרִית
Learns	Where	Classroom	On	Hebrew

סֵפֶר

כִּסֵּא

שֻׁלְחָן

מַחְבֶּרֶת

עִפָּרוֹן

לוּחַ

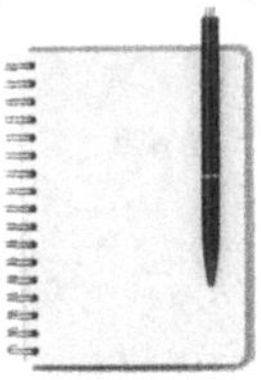

CONVERSATION שִׂיחָה

Talk with a friend about what and where you are learning. Use the following questions. You can use English words to describe what you study.

1. מָה אַתָּה לוֹמֵד? מָה אַתְּ לוֹמֶדֶת?
2. אֵיפֹה אַתָּה לוֹמֵד? אֵיפֹה אַתְּ לוֹמֶדֶת?
3. מִי בַּכִּיתָה? מַה בַּכִּיתָה?

Tic-Tac-Toe

Play these games with a friend. One of you should be "X" and the other "O." Begin with the game on the right. Take turns reading a word. If you read the word correctly, lightly make your mark in that box.

סֻכָּה	כִּסֵּא	מַחְבֶּרֶת
בַּיִת	עִפָּרוֹן	לוּחַ
שֻׁלְחָן	עַל	סֵפֶר

לַעֲסוֹק	הָעוֹלָם	קִדְּשָׁנוּ
מֶלֶךְ	בְּמִצְוֹתָיו	תוֹרָה
וְצִוָּנוּ	אֲשֶׁר	בְּדִבְרֵי

Pictionary

Divide the group into two teams. Using the words on the tic-tac-toe board above on the right, draw a picture of each word and have the others guess the meaning of the word. Pictionary is like charades, using drawings instead of acting out the words.

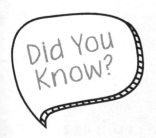

Did You Know?

There is a blessing in Hebrew that is traditionally recited before studying Torah. Practice reading it with a partner.

בָּרוּךְ אַתָּה, יְיָ אֱלֹהֵינוּ, מֶלֶךְ הָעוֹלָם, אֲשֶׁר
קִדְּשָׁנוּ בְּמִצְוֹתָיו וְצִוָּנוּ לַעֲסוֹק בְּדִבְרֵי תוֹרָה.

מִי לוֹמֵד עִבְרִית?

Practice reading this poem with a partner.

1. מִי לוֹמֵד עִבְרִית?
רוֹנִי וְרוֹנִית.

2. מִי לוֹמֵד טֶנִיס?
דָנִי וְדֶנִיס.

3. מִי לוֹמֵד הִיסְטוֹרְיָה?
גִילָה וּגְלוֹרִיָה.

4. מִי לוֹמֵד תּוֹרָה?
אֲנִי, אַתְּ וְאַתָּה.

5. מִי לוֹמֵד בֵּיסְבּוֹל?
קָארִין וְקָארוֹל.

6. מִי לוֹמֵד גוֹלְף?
רָמִי וְרוּדוֹלְף.

7. מִי לוֹמֵד גִיטָרָה?
טַלְיָה וְתָמָרָה.

8. מִי לוֹמֵד תּוֹרָה?
אֲנִי, אַתְּ וְאַתָּה.

From *Z'man LaShir: Time to Sing Hebrew*, music and lyrics by Fran Avni

Now, draw lines from the names of the people to their matching pictures.

גִילָה וּגְלוֹרִיָה
דָנִי וְדֶנִיס
רוֹנִי וְרוֹנִית
טַלְיָה וְתָמָרָה
קָארִין וְקָארוֹל
רָמִי וְרוּדוֹלְף

Playful Plurals

Work with a partner. Study the Hebrew words and their pictures. Then talk about the questions below. Write in your answers when you and your partner agree.

2   1

1. What letters are at the end of each word in column 2? _____

2. What does this word ending show us? _____

3. What happens to the letter ה in מוֹרֶה when the word ending is added?

_____

4. If חַג means "holiday," what do you think חַגִים means? _____

בַּכִּיתָה

Look at the picture, and then complete the sentences that follow. You can use the words from the word box to help you.

1. אֵיפֹה הָעִפָּרוֹן?

הָעִפָּרוֹן עַל הַ________.

2. אֵיפֹה הַמַּחְבֶּרֶת?

הַמַּחְבֶּרֶת ________ הַשֻּׁלְחָן.

3. אֵיפֹה הַשֻּׁלְחָן?

הַשֻּׁלְחָן בַּ________.

4. אֵיפֹה הַסְּפָרִים?

הַ________ עַל הַשֻּׁלְחָן שֶׁל הַמּוֹרָה.

5. מָה עַל הַלּוּחַ?

________ עַל הַלּוּחַ.

WORD BOX

מַחְבֶּרֶת סְפָרִים עִפָּרוֹן עַל

כִּסֵּא עִבְרִית כִּיתָה מוֹרָה שֻׁלְחָן

CHAPTER 5 יוֹם וְלַיְלָה

WORDS TO KNOW

טוֹב
Good (m.)

טוֹבָה
Good (f.)

אוֹר

יוֹם

עֶרֶב

בֹּקֶר

לַיְלָה

כּוֹתֶבֶת (f.)
כּוֹתֵב (m.)

קוֹרֵאת (f.)
קוֹרֵא (m.)

לֹא

כֵּן

CONVERSATION שִׂיחָה

Talk with a friend about what and where you are learning. Use the sentences and questions on below.

1. אֵיפֹה אַתָּה לוֹמֵד? אֵיפֹה אַתְּ לוֹמֶדֶת?
2. מָה אַתָּה קוֹרֵא? מָה אַתְּ קוֹרֵאת?
3. אַתָּה קוֹרֵא בַּלַּיְלָה? אַתְּ קוֹרֵאת בַּלַּיְלָה?
4. אֵיפֹה אַתְּ כּוֹתֶבֶת? אֵיפֹה אַתָּה כּוֹתֵב?
5. מַה בַּכִּיתָה?
6. מִי בַּכִּיתָה?

Four in a Row

Play this game with a friend. One of you should be "X" and the other "O." Take turns reading a word. If you read the word correctly, lightly make your mark in that box. The first player to get four boxes in a row across, down, or diagonally wins.

בָּרוּךְ	בְּרָכָה	בָּרְכוּ	בָּרְכוּנִי	הַמְבֹרָךְ
מֶלֶךְ	מַלְכָּה	הַמְּלָכִים	מַלְכֵי	מִמֶּלֶךְ
קִדְּשָׁנוּ	קִדּוּשׁ	קָדוֹשׁ	הַקָּדוֹשׁ	וְיִתְקַדַּשׁ
כַּכָּתוּב	מִכְתָּב	כְּתוּבָּה	כּוֹתֶבֶת	כּוֹתֵב
מִצְוָה	מִצְוֹת	בְּמִצְוֹתָיו	צִוָּה	וְצִוָּנוּ

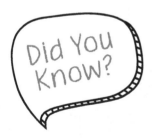

Did You Know?

One Hebrew term for a holiday is יוֹם טוֹב. What does this phrase mean?

"A ______________ ______________."

Practice reading the blessing for lighting the holiday candles with a partner.

בָּרוּךְ אַתָּה, יְיָ אֱלֹהֵינוּ, מֶלֶךְ הָעוֹלָם,
אֲשֶׁר קִדְּשָׁנוּ בְּמִצְוֹתָיו, וְצִוָּנוּ לְהַדְלִיק נֵר שֶׁל יוֹם טוֹב.

Adjectives that Agree

Work with a partner. Review the Hebrew words and their pictures. Then talk about each question that follows. Write in your answers when you and your partner agree.

1

תַּלְמִיד טוֹב

מוֹרֶה טוֹב

בֹּקֶר טוֹב

2

תַּלְמִידָה טוֹבָה

מוֹרָה טוֹבָה

עוּגָה טוֹבָה

In Hebrew, all nouns are either masculine or feminine.

1. All of the nouns and adjectives in column 1 are ____________________ .

2. All the nouns and adjectives in column 2 are ____________________ .

3. In Hebrew, adjectives come ________________ the noun.

4. Is this the same or different from English? _______________ .

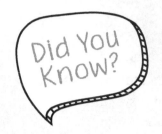

Did You Know?

In Israel, when someone greets you by saying בֹּקֶר טוֹב, the usual response is בֹּקֶר אוֹר.
This phrase means "morning of light."

Great Greetings

Check the correct phrase(s) to say at each time of day.

- ◯ יוֹם טוֹב.
- ◯ לַיְלָה טוֹב.
- ◯ עֶרֶב טוֹב.

- ◯ בֹּקֶר טוֹב.
- ◯ בֹּקֶר אוֹר.
- ◯ עֶרֶב טוֹב.

- ◯ לַיְלָה טוֹב.
- ◯ עֶרֶב טוֹב.
- ◯ שַׁבָּת שָׁלוֹם.

- ◯ עֶרֶב טוֹב.
- ◯ לַיְלָה טוֹב.
- ◯ בֹּקֶר אוֹר.

Yes and No

Read the stories. Then decide if the statements that follow are correct or incorrect. If a statement is correct, check the box for כֵּן (yes). If a statement is incorrect, check the box for לֹא (no).

1. חַנָה תַּלְמִידָה. הִיא קוֹרֵאת וְכוֹתֶבֶת עַל הַלּוּחַ.

2. דָנִי לוֹמֵד עִבְרִית. הוּא קוֹרֵא בַּסֵפֶר וְכוֹתֵב בַּמַחְבֶּרֶת.

3. דָנִי לוֹמֵד בֵּיסְבּוֹל. חַנָה לוֹמֶדֶת בֵּיסְבּוֹל.

4. זְאֵבִי לֹא לוֹמֵד בֵּיסְבּוֹל.

לֹא	כֵּן	
◯	◯	הַמוֹרָה כּוֹתֶבֶת עַל הַלּוּחַ.
◯	◯	דָנִי כּוֹתֵב בַּמַחְבֶּרֶת.
◯	◯	חַנָה קוֹרֵאת בַּסֵפֶר.
◯	◯	דָנִי לוֹמֵד גִיטָרָה.
◯	◯	דָנִי לוֹמֵד בֵּיסְבּוֹל.
◯	◯	חַנָה לוֹמֶדֶת טֶנִיס.

חֲנֻכָּה

WORDS TO KNOW

אוֹהֶבֶת (f.)
אוֹהֵב (m.)
Loves

מְשַׂחֶקֶת (f.)
מְשַׂחֵק (m.)
Plays

סוֹב
Spin!

חַג שָׂמֵחַ
Happy Holiday

סְבִיבוֹן

סוּפְגָנִיָּה

לְבִיבָה

נֵר

חֲנֻכִּיָּה

סוּפְגָנִיּוֹת

לְבִיבוֹת

נֵרוֹת

CONVERSATION

שִׂיחָה

Talk with a friend in Hebrew about what you eat and drink during Hanukkah. Use the following sentences and questions.

1. מָה אַתָּה אוֹכֵל בַּחֲנֻכָּה? מָה אַתְּ אוֹכֶלֶת בַּחֲנֻכָּה?
2. מָה אַתָּה לֹא אוֹכֵל בַּחֲנֻכָּה? מָה אַתְּ לֹא אוֹכֶלֶת בַּחֲנֻכָּה?
3. אֲנִי אוֹכֵל ________ בַּחֲנֻכָּה. אֲנִי אוֹכֶלֶת ________ בַּחֲנֻכָּה.

Connect the Dots

With a friend, take turns drawing lines to connect two dots and make one side of a square. To capture a square, the player who completes a box must read the word and say what it means. If that player cannot do that, the other player can steal it by reading and explaining the word. The player who captures the most boxes wins.

אוֹכֶל	אוֹכֶלֶת	נֵרוֹת	נֵר
כֶּלֶב	שָׂמֵחַ	חַג	סוּפְגָנִיוֹת
חֲנֻכִּיָּה	חֲנֻכָּה	סוֹב	סְבִיבוֹן
בְּתֵאָבוֹן	חָתוּל	לְבִיבוֹת	לְבִיבָה

סְבִיבוֹן, סוֹב, סוֹב, סוֹב!

This is a popular Hanukkah song. Read it with a partner. Then circle every word that means “spin.” Draw a triangle around every word that means “holiday.” Draw a box around every word that names the holiday.

סְבִיבוֹן, סוֹב, סוֹב, סוֹב:
חֲנֻכָּה הוּא חַג טוֹב!
חֲנֻכָּה הוּא חַג טוֹב,
סְבִיבוֹן, סוֹב, סוֹב, סוֹב!

Match Game

Connect each picture to the sentence that describes it.

1. דָנִי אוֹהֵב אֶת זְאֵבִי.

2. סַבְתָּא אוֹהֶבֶת אֶת הַיְלָדִים.

3. חַנָה אוֹהֶבֶת אֶת שׁוֹקוֹ.

4. דָנִי אוֹהֵב שׁוֹקוֹלָד.

5. דָנִי מְשַׂחֵק בֵּיסְבּוֹל,
זְאֵבִי לֹא מְשַׂחֵק בֵּיסְבּוֹל.

Root, Root, Root for the Word Trees

In Hebrew, many words can grow from a single root. And those words are often related. Most Hebrew roots have three letters. Study the words in each Hebrew word family tree and find the three common letters. Then write the root letters in the tree's roots. Remember to write them from right to left.

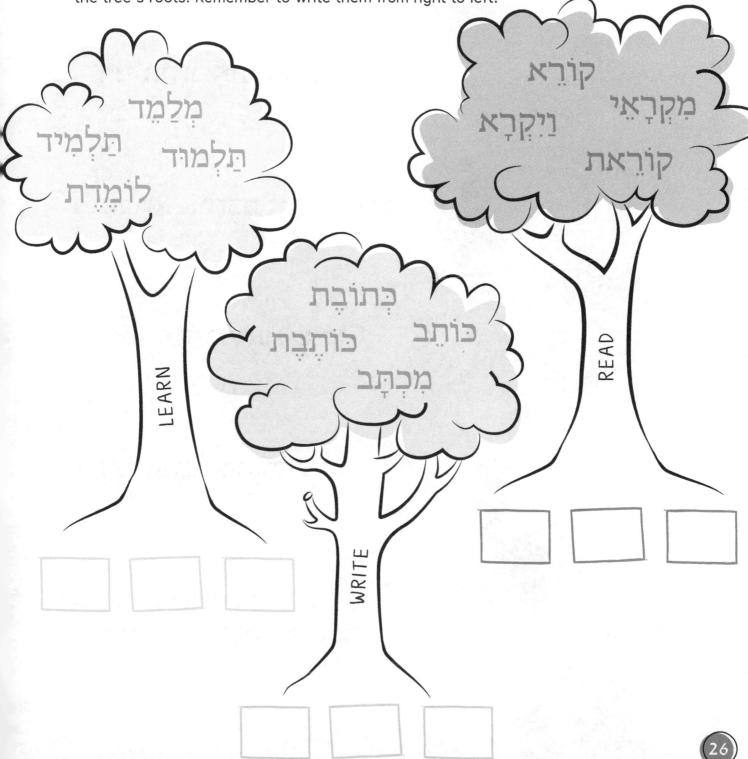

מְלַמֵּד
תַּלְמִיד
תַּלְמוּד
לוֹמֶדֶת

קוֹרֵא
מִקְרָאֵי
וַיִּקְרָא
קוֹרֵאת

כְּתוֹבֶת
כּוֹתֵב
כּוֹתֶבֶת
מִכְתָּב

LEARN

WRITE

READ

Choose the Title

Read the story and study the pictures. Then choose the title that best describes the story.

1. לַיְלָה בַּבַּיִת. יֵשׁ חֲנֻכִּיָּה עַל הַשֻּׁלְחָן. יֵשׁ נֵרוֹת בַּחֲנֻכִּיָּה.

2. יֵשׁ לְבִיבוֹת וְסֻפְגָּנִיּוֹת עַל הַשֻּׁלְחָן.

3. דָּנִי אוֹכֵל סֻפְגָּנִיָּה וְעוּגָה.

4. אַבָּא אוֹכֵל לְבִיבָה וְסֻפְגָּנִיָּה.

5. הַסְּבִיבוֹן לֹא עַל הַשֻּׁלְחָן.

6. חַנָּה מְשַׂחֶקֶת בִּסְבִיבוֹן.

7. זְאֵבִי אוֹכֵל לְבִיבָה. שׁוֹקוֹ לֹא אוֹכֵל.

8. שׁוֹקוֹ מְשַׂחֵק בִּסְבִיבוֹן.

Which title best describes the story?

○ סְבִיבוֹן, סוֹב, סוֹב, סוֹב

○ בְּתֵאָבוֹן

○ חַג שָׂמֵחַ

Now make up your own title!

_____

שַׁבָּת שָׁלוֹם CHAPTER 7

WORDS TO KNOW

יֵשׁ — There is

הַיּוֹם — Today

מֶזֶג הָאֲוִיר — Weather

קַר

חַם

שֶׁמֶשׁ

שֶׁלֶג

גֶּשֶׁם

יַיִן

בֵּית הַכְּנֶסֶת

לֶחֶם

CONVERSATION
שִׂיחָה

Discuss the weather with a partner. Ask each other the first question. Use the new vocabulary to answer and describe the temperature. You can answer כֵּן or לֹא to the other two questions.

1. מַה מֶזֶג הָאֲוִיר הַיּוֹם?
2. הַיּוֹם חַם?
3. הַיּוֹם קַר?

Tic-Tac-Toe

Play these games with a friend. One of you should be "X" and the other "O." Begin with the game on the right. Take turns reading a word. If you read the word correctly, lightly make your mark in that box.

אֱלֹהֵינוּ	אֲשֶׁר	לְהַדְלִיק
הַמּוֹצִיא	בְּמִצְוֹתָיו	לֶחֶם
וְצִוָּנוּ	שַׁבָּת	קִדְּשָׁנוּ

אוֹר	גֶּשֶׁם	שֻׁלְחָן
שֶׁמֶשׁ	חֲנֻכִּיָּה	שֶׁלֶג
חַלָּה	נֵר	יַיִן

Pictionary

Divide the group into two teams. Using the words on the tic-tac-toe board above on the right, draw a picture of each word and have the others guess the meaning of the word. Pictionary is like charades, using drawings instead of acting out the words. Practice your drawings here.

Yes or No

Read each sentence and look at its picture. Write כֵּן if the sentence correctly describes the picture. Write לֹא if the sentence does not match the picture.

זְאֵבִי לוֹמֵד
בֵּיסְבּוֹל.

______

דָּוִד מֶלֶךְ.
הוּא הַמֶּלֶךְ שֶׁל יִשְׂרָאֵל.

______

דָּנִי אוֹכֵל סָלָט
וְשׁוֹתֶה מַיִם.

______

חַנָּה תַּלְמִידָה טוֹבָה.

______

שׁוּקוֹ חָתוּל טוֹב.

______

זְאֵבִי כֶּלֶב טוֹב!

______

זְאֵבִי הַכֶּלֶב שֶׁל
דָּנִי וְחַנָּה.

______

שלום

חַנָּה לוֹמֶדֶת
עִבְרִית.

______

יוֹם שַׁבָּת

Read the stories and look at the pictures. Then answer the questions that follow.

1. עֶרֶב שַׁבָּת בַּבַּיִת. יֵשׁ שֶׁלֶג בְּשַׁבָּת.

2. הַמִשְׁפָּחָה בַּבַּיִת.

3. חַלָה, נֵרוֹת, וְיַיִן עַל הַשֻׁלְחָן. שַׁבָּת שָׁלוֹם!

4. שַׁבָּת בַּבֹּקֶר. יֵשׁ שֶׁמֶשׁ בַּבֹּקֶר.

5. הַמִשְׁפָּחָה בְּבֵית כְּנֶסֶת.

6. אַבָּא קוֹרֵא בַּתּוֹרָה. אִמָּא קוֹרֵאת בַּתּוֹרָה.

7. דָנִי לוֹמֵד תּוֹרָה. חַנָּה לוֹמֶדֶת תּוֹרָה.

8. שַׁבָּת בַּבֹּקֶר. זְאֵבִי הַכֶּלֶב וְשׁוֹקוֹ הֶחָתוּל בַּבַּיִת.

9. זְאֵבִי שׁוֹתֶה מַיִם. שׁוֹקוֹ מְשַׂחֵק.

WORD BOX

כֵּן   לֹא   עַל

אַבָּא   אִמָּא   הַשֻׁלְחָן

1. יֵשׁ שֶׁלֶג בְּעֶרֶב שַׁבָּת? _____

2. אֵיפֹה חַלָה, נֵרוֹת, וְיַיִן? _____ _____

3. מִי קוֹרֵא בַּתּוֹרָה בְּשַׁבָּת? _____ וְ_____

4. זְאֵבִי לוֹמֵד תּוֹרָה? _____

31

WORDS TO KNOW

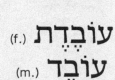

עוֹבֶדֶת (f.)
עוֹבֵד (m.)
Works

בֵּית סֵפֶר

אִילָנוֹת

סַבְתָּא

סַבָּא

פֶּרַח

פְּרָחִים

גַּן

יְרָקוֹת

CONVERSATION

שִׂיחָה

Talk with a friend in Hebrew about what you like.
Use the following sentences and questions.

1. מָה אַתָּה אוֹהֵב? מָה אַתְּ אוֹהֶבֶת?
2. אַתָּה אוֹהֵב ________? אַתְּ אוֹהֶבֶת ________?
3. אֲנִי אוֹהֵב ________. אֲנִי אוֹהֶבֶת ________.

Four in a Row

Play this game with a friend. One of you should be "X" and the other "O." Take turns reading a word. If you read the word correctly, lightly make your mark in that box. The first player to get four boxes in a row across, down, or diagonally wins.

אָדָם	בְּנֵי	וּבָרָא	לֵיהָנוֹת
טוֹבִים	וְאִילָנוֹת	טוֹבוֹת	בְּרִיּוֹת
עוֹשֶׂה	הָעוֹלָם	עוֹלָם	שֶׁכָּכָה
בְּרֵאשִׁית	מַעֲשֵׂה	דָבָר	חִסֵּר

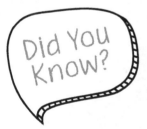

Did You Know?

There are many blessings for wonderful things in nature. Practice reading these blessings with a partner.

We say this blessing when we see a beautiful tree or animal.

בָּרוּךְ אַתָּה, יְיָ אֱלֹהֵינוּ, מֶלֶךְ הָעוֹלָם, שֶׁכָּכָה לוֹ בְּעוֹלָמוֹ.

We say this blessing when we see trees in bloom for the first time each year.

בָּרוּךְ אַתָּה, יְיָ אֱלֹהֵינוּ, מֶלֶךְ הָעוֹלָם, שֶׁלֹּא חִסֵּר בְּעוֹלָמוֹ דָבָר,
וּבָרָא בוֹ בְּרִיּוֹת טוֹבוֹת וְאִילָנוֹת טוֹבִים לֵיהָנוֹת בָּהֶם בְּנֵי אָדָם.

We say this blessing when we see wonders of nature like shooting stars, vast deserts, or high mountains.

בָּרוּךְ אַתָּה, יְיָ אֱלֹהֵינוּ, מֶלֶךְ הָעוֹלָם, עוֹשֶׂה מַעֲשֵׂה בְרֵאשִׁית.

Spot Check

Check all the sentences that describe each picture.

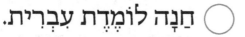

- ○ דָוִד הוּא מֶלֶךְ יִשְׂרָאֵל.
- ○ סְבִיבוֹן סוֹב, סוֹב, סוֹב!
- ○ רוּדוֹלְף לוֹמֵד גוֹלְף.
- ○ חַג שָׂמֵחַ!

- ○ הַמַּחְבֶּרֶת עַל הַשֻּׁלְחָן.
- ○ חַנָּה לוֹמֶדֶת עִבְרִית.
- ○ דָנִי לוֹמֵד עִבְרִית.
- ○ שַׁבָּת שָׁלוֹם!

- ○ חַג שָׂמֵחַ!
- ○ זְאֵבִי הַכֶּלֶב שֶׁל דָנִי וְחַנָּה.
- ○ הַמּוֹרֶה יוֹשֵׁב בַּכִּתָּה.
- ○ זְאֵבִי כֶּלֶב טוֹב.

- ○ חַלָּה, נֵרוֹת, וְיַיִן עַל הַשֻּׁלְחָן.
- ○ הַמִּשְׁפָּחָה בַּסֻּכָּה.
- ○ זְאֵבִי כֶּלֶב טוֹב.
- ○ שַׁבָּת שָׁלוֹם!

Match Game

Draw a line to connect each picture with the passage that describes it.

1. אִמָּא מוֹרָה. הִיא עוֹבֶדֶת בְּבֵית סֵפֶר.
הִיא אוֹהֶבֶת אֶת הַתַּלְמִידִים.

2. סַבָּא מוֹרֶה. הוּא אוֹהֵב סְפָרִים.
הוּא עוֹבֵד בְּבֵית סֵפֶר.

3. סַבְתָּא אוֹהֶבֶת פְּרָחִים. הִיא עוֹבֶדֶת בַּגָּן.
דָּנִי שׁוֹתֶה קוֹלָה. הוּא לֹא עוֹבֵד בַּגָּן.

4. חַנָּה אוֹהֶבֶת יְרָקוֹת. הִיא עוֹבֶדֶת בְּגַן.
זְאֵבִי לֹא אוֹהֵב יְרָקוֹת.
זְאֵבִי לֹא עוֹבֵד בְּגַן.

WORDS TO KNOW

מַה נִּשְׁתַּנָּה
The Four Questions

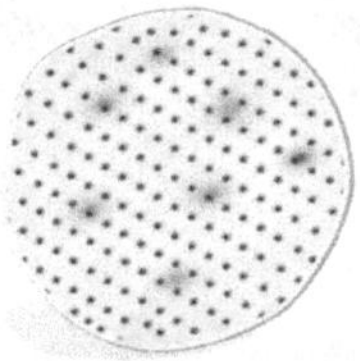

שׁוֹאֶלֶת (f.)
שׁוֹאֵל (m.)
Asks

רוֹצָה (f.)
רוֹצֶה (m.)
Wants

תַּחַת
Under

כַּרְפַּס

חֲרוֹסֶת

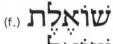

מַצָּה

אֲפִיקוֹמָן

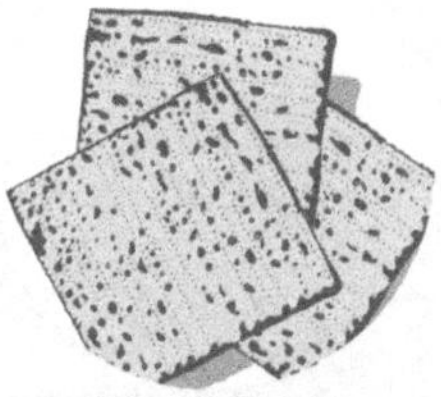

בֵּיצָה

הַגָּדָה

מָרוֹר

זְרוֹעַ

CONVERSATION

שִׂיחָה

Use the following sentences to tell a partner about your seder in Hebrew.

1. בְּסֵדֶר פֶּסַח אֲנִי אוֹכֵל _____.

בְּסֵדֶר פֶּסַח אֲנִי אוֹכֶלֶת _____.

2. בְּסֵדֶר פֶּסַח אֲנִי לֹא אוֹכֵל _____.

בְּסֵדֶר פֶּסַח אֲנִי לֹא אוֹכֶלֶת _____.

3. בְּסֵדֶר פֶּסַח אֲנִי שׁוֹאֵל / שׁוֹאֶלֶת מַה נִּשְׁתַּנָּה.

Connect the Dots

With a friend, take turns drawing lines to connect two dots and make one side of a square. To capture a square, the player who completes a box must read the word and say what it means. If that player cannot do that, the other player can steal it by reading and explaining the word. The player who captures the most boxes wins.

נִשְׁתַּנָּה	מַה	שׁוֹאֶלֶת	שׁוֹאֵל
פֶּסַח	שָׂמֵחַ	מָרוֹר	אֲפִיקוֹמָן
מִשְׁפָּחָה	חַג	חֲרוֹסֶת	מַצָּה
בְּתֵאָבוֹן	בֵּיצָה	כַּרְפַּס	זְרוֹעַ

A Holiday Filled with Blessings

Practice reading these blessings with a partner. They are all part of the Passover seder.

בָּרוּךְ אַתָּה, יְיָ אֱלֹהֵינוּ, מֶלֶךְ הָעוֹלָם, בּוֹרֵא פְּרִי הָאֲדָמָה.

בָּרוּךְ אַתָּה, יְיָ אֱלֹהֵינוּ, מֶלֶךְ הָעוֹלָם, אֲשֶׁר קִדְּשָׁנוּ בְּמִצְוֹתָיו וְצִוָּנוּ עַל אֲכִילַת מַצָּה.

בָּרוּךְ אַתָּה, יְיָ אֱלֹהֵינוּ, מֶלֶךְ הָעוֹלָם, אֲשֶׁר קִדְּשָׁנוּ בְּמִצְוֹתָיו וְצִוָּנוּ עַל אֲכִילַת מָרוֹר.

מִי בְּסֵדֶר פֶּסַח?

Practice reading this poem with a partner. Then match the questions below to their pictures.

1. מִי וּמָה? אֵיפֹה הַ...?

2. מִי בְּסֵדֶר פֶּסַח?
3. מָה עַל הַשֻּׁלְחָן?
4. מִי שׁוֹאֵל "מַה נִּשְׁתַּנָּה"?
5. וְאֵיפֹה הָאֲפִיקוֹמָן?

6. מִי בְּסֵדֶר פֶּסַח?
7. אַבָּא וְאִמָּא,
8. סַבָּא וְסַבְתָּא,
9. יֶלֶד וְיַלְדָּה.

10. מִי בְּסֵדֶר פֶּסַח?
11. כָּל הַמִּשְׁפָּחָה.

12. מָה עַל הַשֻּׁלְחָן בְּסֵדֶר פֶּסַח?
13. יַיִן לְקִדּוּשׁ וְהַגָּדָה,
14. מַצָּה, מָרוֹר, כַּרְפַּס, חֲרוֹסֶת,
15. גַּם זְרוֹעַ וְגַם בֵּיצָה.

16. מִי בְּסֵדֶר פֶּסַח שׁוֹאֵל
"מַה נִּשְׁתַּנָּה"?
17. יֶלֶד קָטָן וְיַלְדָּה קְטַנָּה.

18. אֵיפֹה, אֵיפֹה הָאֲפִיקוֹמָן?
19. עַל הַכִּסֵּא, אוֹ תַּחַת שֻׁלְחָן?
20. עַל הַגָּדָה, אוֹ תַּחַת מַצָּה?
21. אֵיפֹה, אֵיפֹה?
22. הִנֵּה הוּא כָּאן!

From *Z'man LaShir: Time to Sing Hebrew*, music and lyrics by Fran Avni

מִי בְּסֵדֶר פֶּסַח?

וְאֵיפֹה הָאֲפִיקוֹמָן?

מִי שׁוֹאֵל "מַה נִּשְׁתַּנָּה"?

מָה עַל הַשֻּׁלְחָן?

Root, Root, Root for the Word Trees

Some Hebrew letters have regular and final forms (like כ and ךְ), but are still the same letter. Study the words in each Hebrew word family tree. Find the three common letters and write them in the tree's roots. Remember to write them from right to left.

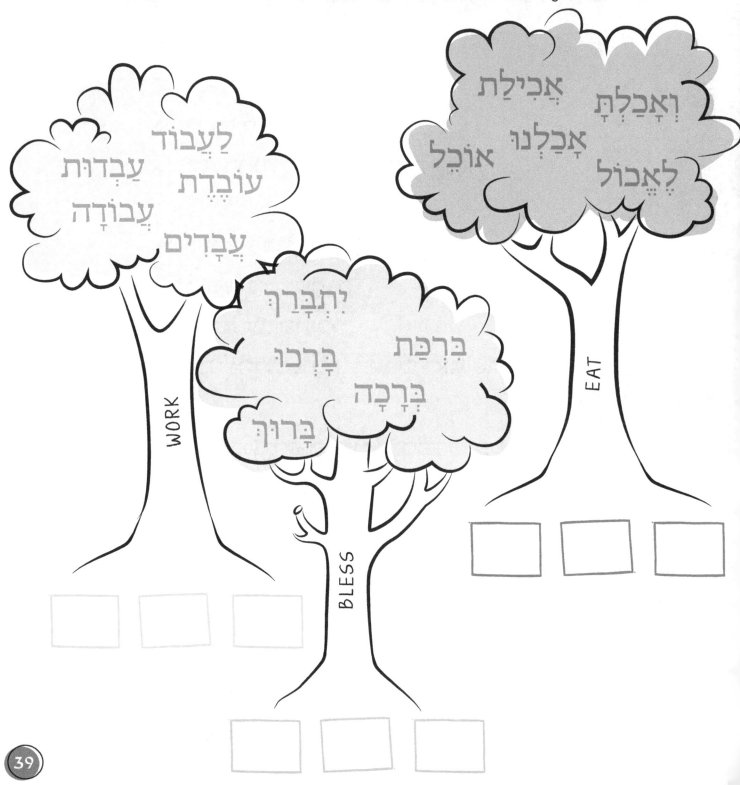

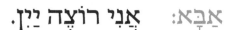

בְּסֵדֶר פֶּסַח

Read the stories and study the pictures. Then answer the questions that follow.

בְּעֶרֶב פֶּסַח הַמִּשְׁפָּחָה בַּבַּיִת. הַמִּשְׁפָּחָה בְּסֵדֶר פֶּסַח.

אַבָּא: אֲנִי רוֹצֶה יַיִן.

סַבָּא: גַּם אֲנִי רוֹצֶה יַיִן.

אִמָּא: מִי רוֹצֶה מַיִם?

דָּנִי: אֲנִי לֹא רוֹצֶה מַיִם. אֲנִי רוֹצֶה קוֹלָה.

חַנָּה: אֲנִי קוֹרֵאת בַּהַגָּדָה.

דָּנִי: אֲנִי שׁוֹאֵל מַה נִּשְׁתַּנָּה.

סַבְתָּא: דָּנִי קוֹרֵא עִבְרִית טוֹב.

סַבָּא: חַנָּה תַּלְמִידָה טוֹבָה. הִיא קוֹרֵאת טוֹב!

חַנָּה: אֲנִי אוֹהֶבֶת יְרָקוֹת. אֲנִי אוֹכֶלֶת כַּרְפַּס וְסָלָט.

אַבָּא: זְאֵבִי אוֹכֵל מַצָּה. הוּא רוֹצֶה זְרוֹעַ.

דָּנִי: אֲנִי אוֹהֵב מָרוֹר. אֲנִי אוֹכֵל חֲרוֹסֶת וּמָרוֹר.

אִמָּא: שׁוֹקוֹ אוֹהֵב דָּג, אֲבָל הוּא לֹא אוֹהֵב מָרוֹר!

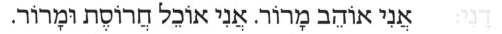

1. מַה שׁוֹתֶה סַבָּא? ______________________

2. מַה קוֹרֵאת חַנָּה? ______________________

3. מַה שׁוֹקוֹ לֹא אוֹהֵב? ______________________

הַשָּׁנָה

WORDS TO KNOW

חוֹרֶף
Winter

סְתָיו
Autumn/Fall

קַיִץ
Summer

אָבִיב
Spring

שָׁבוּעוֹת

רֹאשׁ הַשָּׁנָה

סֻכּוֹת

פֶּסַח

חֲנֻכָּה

פּוּרִים

CONVERSATION שִׂיחָה

Discuss with a classmate which seasons and holidays you like most. Answer כֵּן or לֹא to the questions about the seasons. Use the following sentences and questions.

1. אַתְּ אוֹהֶבֶת _____________?
2. אַתָּה אוֹהֵב _____________?
3. אֲנִי אוֹהֵב ________. אֲנִי אוֹהֶבֶת ________.
4. אֲנִי לֹא אוֹהֵב ________. אֲנִי לֹא אוֹהֶבֶת ________.

Tic-Tac-Toe

Play these games with a friend. One of you should be "X" and the other "O." Begin with the game on the right. Take turns reading a word. If you read the word correctly, lightly make your mark in that box.

עִפָּרוֹן	שֶׁמֶשׁ	פְּרָחִים
אוֹר	לַיְלָה	גַּן
לֶחֶם	גֶּשֶׁם	יְרָקוֹת

שׁוֹאֵל	קַר	כּוֹתֶבֶת
שׁוֹתָה	קוֹרֵא	אוֹכֶלֶת
עוֹבֵד	חַם	אוֹהֶבֶת

A Special Blessing for Special Times

This blessing is said on the first night of holidays. It can also be said when we wear new clothes, eat a new fruit, or do something for the first time in a year. Some people also say it at other special times in their lives.

Practice reading this blessing with a partner.

בָּרוּךְ אַתָּה, יְיָ אֱלֹהֵינוּ, מֶלֶךְ הָעוֹלָם, שֶׁהֶחֱיָנוּ וְקִיְּמָנוּ
וְהִגִּיעָנוּ לַזְּמַן הַזֶּה.

Match Game

Connect each reading to the season it describes.

1. מַה מֶזֶג הָאֲוִיר בָּאָבִיב?

לֹא קַר וְלֹא חַם בָּאָבִיב.

בָּאָבִיב יֵשׁ שֶׁמֶשׁ. בָּאָבִיב יֵשׁ גֶּשֶׁם.

2. מַה מֶזֶג הָאֲוִיר בַּקַּיִץ?

חַם בַּקַּיִץ. יֵשׁ שֶׁמֶשׁ בַּקַּיִץ.

3. מַה מֶזֶג הָאֲוִיר בַּסְּתָיו?

לֹא חַם וְלֹא קַר בַּסְּתָיו.

בַּסְּתָיו יֵשׁ שֶׁמֶשׁ. בַּסְּתָיו יֵשׁ גֶּשֶׁם.

4. מַה מֶזֶג הָאֲוִיר בַּחוֹרֶף?

לֹא חַם בַּחוֹרֶף. קַר בַּחוֹרֶף.

בַּחוֹרֶף יֵשׁ שֶׁלֶג.

Root, Root, Root for the Word Trees

Some Hebrew letters have regular and final forms (like כ and ךְ), but are still the same letter. Study the words in each tree. Find the three common letters and write them in the roots. Then add in the missing word from the box into each Hebrew word family tree.

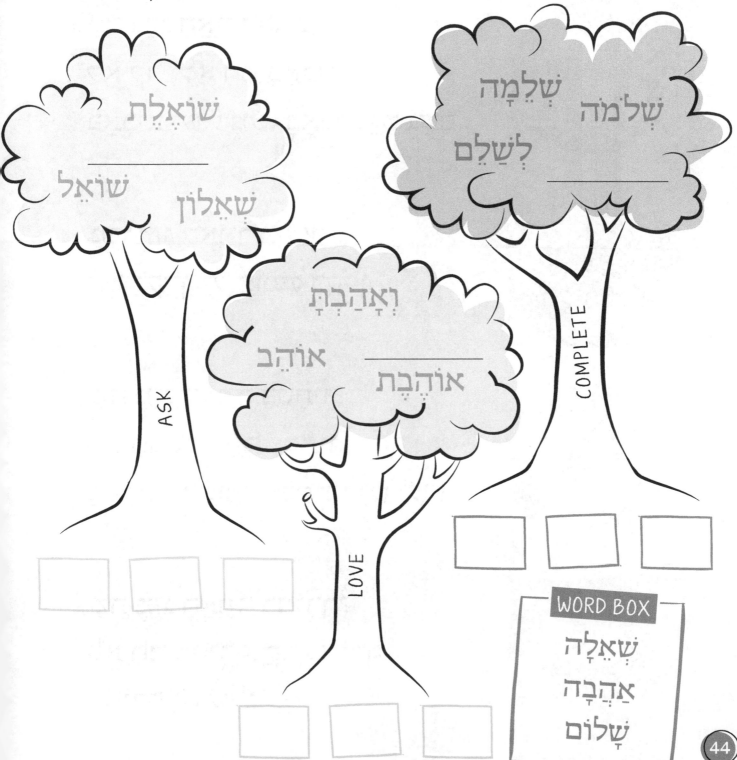

שׁוֹאֶלֶת
שׁוֹאֵל
שְׁאֵלוֹן
ASK
וְאָהַבְתָּ
אוֹהֵב
אוֹהֶבֶת
LOVE
שְׁלֵמָה
שְׁלֹמֹה
לְשַׁלֵּם
COMPLETE

WORD BOX

שְׁאֵלָה

אַהֲבָה

שָׁלוֹם

חַג שָׂמֵחַ

Read the passages. Then write the name of each holiday in its season.

1. יֵשׁ שׁוֹפָר בְּרֹאשׁ הַשָּׁנָה.
רֹאשׁ הַשָּׁנָה חַג בַּסְתָיו.

2. הַמִּשְׁפָּחָה בְּסֵדֶר פֶּסַח.
דָּנִי אוֹכֵל מָרוֹר.
חַנָּה קוֹרֵאת בַּהַגָּדָה.
פֶּסַח חַג שָׂמֵחַ בָּאָבִיב.

3. חַנָּה אוֹכֶלֶת לְבִיבוֹת בַּחֲנֻכָּה.
בַּחֲנֻכָּה שׁוּקוֹ מְשַׂחֵק בִּסְבִיבוֹן.
חֲנֻכָּה חַג שָׂמֵחַ בַּחוֹרֶף.

4. אַבָּא קוֹרֵא בַּתּוֹרָה בְּשָׁבוּעוֹת.
שָׁבוּעוֹת חַג בַּקַּיִץ.

חוֹרֶף

חַג: ______________

קַיִץ

חַג: ______________

סְתָיו

חַג: ______________

אָבִיב

חַג: ______________

א

- Dad אַבָּא
- springtime אָבִיב
- loves (m.) אוֹהֵב
- loves (f.) אוֹהֶבֶת
- eats (m.) אוֹכֵל
- eats (f.) אוֹכֶלֶת
- light אוֹר
- where? אֵיפֹה?
- Mom אִמָּא
- I (am) אֲנִי
- Afikoman אֲפִיקוֹמָן
- you (f.) אַתְּ
- you (m.) אַתָּה

ב

- in the -בַּ
- morning בּוֹקֶר
- baseball בֵּיסְבּוֹל
- egg בֵּיצָה
- house בַּיִת
- synagogue בֵּית כְּנֶסֶת
- school בֵּית סֵפֶר
- Bon appétit בְּתֵאָבוֹן

ג

- golf גּוֹלְף
- guitar גִּיטָרָה
- ice cream גְּלִידָה
- garden גַּן
- rain גֶּשֶׁם

ד

- fish דָּג

ה

- the -הַ
- haggadah הַגָּדָה
- he (is) הוּא
- she (is) הִיא
- today הַיּוֹם
- history הִיסְטוֹרְיָה
- here it is הִנֵּה

ו

- and -וְ

ז

- shank bone זְרוֹעַ

ח

- חַג שָׂמֵחַ! happy holiday!
- winter חוֹרֶף
- challah חַלָּה
- hot חַם
- Chanukah חֲנֻכָּה
- חֲנֻכִּיָּה Chanukah lamp
- Charoset חֲרוֹסֶת
- cat חָתוּל

ט

- good (m.) טוֹב
- good (f.) טוֹבָה
- tennis טֶנִיס

י

- sits (m.) יוֹשֵׁב
- sits (f.) יוֹשֶׁבֶת
- wine יַיִן
- day יוֹם
- boy יֶלֶד
- girl יַלְדָּה
- vegetables יְרָקוֹת
- there is יֵשׁ

כ

- here כָּאן
- writes (m.) כּוֹתֵב
- writes (f.) כּוֹתֶבֶת
- classroom כִּיתָּה
- dog כֶּלֶב
- yes כֵּן
- chair כִּסֵּא
- green vegetable כַּרְפַּס

ל

no לֹא
latke לְבִיבָה
board לוּחַ
studies (m.) לוֹמֵד
studies (f.) לוֹמֶדֶת
lemonade לִימוֹנָדָה
bread לֶחֶם
night לַיְלָה

מ

what? מַה?
מַה נִּשְׁתַּנָּה
The Four Questions
teacher (f.) מוֹרָה
teacher (m.) מוֹרֶה
weather מֶזֶג אֲוִיר
notebook מַחְבֶּרֶת
who? מִי?
water מַיִם
king, ruler מֶלֶךְ
queen, ruler מַלְכָּה
matzah מַצָּה
bitter herb מָרוֹר
plays (m.) מְשַׂחֵק
plays (f.) מְשַׂחֶקֶת
family מִשְׁפָּחָה

נ

candle נֵר

ס

Grandpa סַבָּא
dreidl סְבִיבוֹן
Grandma סַבְתָּא
spin סוֹב
sukkah סֻכָּה
Sukkot סֻכּוֹת
donut סוּפְגָנִיָּה
salad סָלָט
book סֵפֶר
autumn סְתָיו

ע

Hebrew עִבְרִית
works (m.) עוֹבֵד
works (f.) עוֹבֶדֶת
cake עוּגָה
on עַל
pencil עִפָּרוֹן
evening עֶרֶב

פ

Purim פּוּרִים
pizza פִּיצָה
Passover פֶּסַח
flower פֶּרַח

צ

bird צִפּוֹר

ק

cola קוֹלָה
reads (m.) קוֹרֵא
reads (f.) קוֹרֵאת
summer קַיִץ
cold קַר

ר

New Year רֹאשׁ הַשָּׁנָה
wants (f.) רוֹצָה
wants (m.) רוֹצֶה

ש

asks (m.) שׁוֹאֵל
asks (f.) שׁוֹאֶלֶת
chocolate שׁוֹקוֹלָד
drinks (f.) שׁוֹתָה
drinks (m.) שׁוֹתֶה
of, belongs to שֶׁל
snow שֶׁלֶג
peace שָׁלוֹם
table שֻׁלְחָן
my name is שְׁמִי
sun שֶׁמֶשׁ

ת

Torah תּוֹרָה
under תַּחַת
student (m.) תַּלְמִיד
student (f.) תַּלְמִידָה

MAZAL TOV!

מַזָל טוֹב

____

can read this book!

____

Date

____

Awarded by